LE COMMERCE MOBILE

Construire une stratégie commerciale adaptée
aux nouveaux comportements d'achat

Par Rosa-Linda Gutierrez
Sous la direction de Soraya Belghazi

50MINUTES.fr

LE COMMERCE MOBILE

CONSTRUIRE UNE STRATÉGIE COMMERCIALE ADAPTÉE AUX NOUVEAUX COMPORTEMENTS D'ACHAT

- **Problématique ?** Le commerce mobile ou m-commerce est devenu une pratique incontournable pour les enseignes qui veulent optimiser leurs ventes. Il est le prolongement de l'e-commerce et prend en considération les nouveaux comportements d'achat des consommateurs.
- **Utilité ?** Le m-commerce est la réponse appropriée au mobinaute qui souhaite obtenir une offre de produits et de services adaptée à ses besoins. Il donne naissance au marketing mobile qui par ses emails, SMS ou encore vidéos, propose une offre spécifique, individualisée et instantanée.
- **Contexte professionnel ?** Marketing, vente, stratégie commerciale, stratégie mobile, application, nouvelles technologies, aide à la décision.

- **FAQ ?**
  - Quelles sont les principales fonctionnalités offertes par le m-commerce ?
  - Quels sont les principes de base d'une ergonomie réussie ?
  - Quel(s) système(s) d'exploitation choisir ?
  - Comment utiliser la personnalisation pour améliorer les ventes ?
  - Comment réussir son référencement et apparaître efficacement aux yeux des clients ?
  - Comment intégrer les réseaux sociaux au m-commerce pour communiquer et vendre plus ?
  - Comment mesurer l'efficacité de votre solution mobile ?

Pour un nombre croissant d'entreprises, la vente en ligne n'est plus perçue comme une menace, mais bien comme une opportunité. Après la création des premiers sites de vente sur Internet, c'est au tour du volet mobile du commerce en ligne de se développer grâce à l'essor des smartphones et des tablettes.

Le mobile change le rapport des clients aux produits et services en modifiant en profondeur leur parcours d'achat et en favorisant l'immédiateté.

Même les points de vente physiques sont affectés par le m-commerce. Si la boutique garde une valeur ajoutée en offrant la possibilité de voir le produit réel, de le toucher et de l'essayer, l'Internet mobile offre aux clients un complément d'information primordial, permettant au mobinaute de comparer les produits avec ceux de concurrents ou encore d'obtenir des avis d'autres clients.

Le m-commerce est donc devenu un canal de vente incontournable que ne peuvent plus ignorer les enseignes. En amont, l'offre mobile permet au client de préparer sa décision d'achat. En aval, elle peut contribuer à le fidéliser. Le succès des nouveaux modèles de business basés sur l'économie collaborative, comme Uber et Airbnb, repose d'ailleurs en grande partie sur une exploitation intelligente des technologies mobiles, tirant profit notamment de la géolocalisation. La stratégie mobile des entreprises commerciales doit donc s'adapter en permanence afin d'augmenter les ventes et la qualité de l'expérience client.

B.A.-BA DE LA STRATÉGIE DE M-COMMERCE

Tout décideur ou chef d'entreprise ne peut ignorer l'essor du commerce mobile. L'analyse des nouveaux comportements d'achat des clients doit être prise en considération dans les stratégies commerciales, quels que soient la taille des entreprises ou leur secteur d'activité.

CONCEPTS DE BASE

Le **m-commerce** ou commerce mobile désigne les achats réalisés sur les appareils mobiles, à savoir essentiellement les smartphones, les tablettes, les appareils hybrides (*phablets* en anglais, combinaison de *phone* et *tablet*), mais aussi, de plus en plus, les montres connectées (*smartwatches*) ou encore les assistants vocaux intelligents tels Amazon Echo. Le terme englobe l'ensemble des applications commerciales liées aux terminaux mobiles et correspond à des achats effectués le plus souvent en situation de mobilité, par exemple en vacances ou dans les transports.

Le **mobinaute** est quant à lui un individu qui accède à des contenus, communique ou effectue des achats à partir d'un appareil mobile connecté à Internet.

Le m-commerce est aujourd'hui un levier de croissance primordial dans le B2C (*business to consumer*), c'est-à-dire le commerce de détail. Cela vaut pour tout type d'entreprise, qu'elle produise des biens ou des services, qu'elle agisse comme distributeur, prestataire, *pure player*, ou encore qu'il s'agisse d'un acteur du Web à la recherche de nouveaux canaux de distribution. L'optimisation des ventes passe désormais par le développement d'une interface ergonomique et efficace grâce à laquelle le mobinaute peut trouver ce qu'il cherche rapidement, mais aussi découvrir l'étendue de l'offre et interagir avec le vendeur.

Le m-commerce va de pair avec le **marketing relationnel**, c'est-à-dire l'établissement d'une relation individuelle personnalisée entre chaque client et la marque afin de générer une adhésion forte et de fidéliser le client à long terme.

ou encore la commande de fournitures de bureau.

LE M-COMMERCE, UN PASSAGE OBLIGÉ POUR VENDRE DAVANTAGE

Selon une enquête de Criteo (entreprise française de reciblage publicitaire sur Internet), le mobile représentait 28 % des transactions d'achats en ligne réalisées en France en 2016, contre 25 % en 2015. Jusque récemment, on estimait que le mobile était surtout utilisé en amont pour se renseigner sur les produits et comparer les prix avant un achat en boutique ou sur un ordinateur.

Cette vision est désormais remise en cause par les dernières études et l'on constate que de plus en plus de consommateurs finalisent leurs achats sur mobile. Cette évolution a été rendue possible grâce au développement de la technologie 3G puis 4G, à une meilleure ergonomie des interfaces mobiles et au développement de moyens de paiement mobiles simples et sûrs, reposant par exemple sur des codes QR ou des confirmations de paiement par SMS.

Toutefois, le m-commerce n'a pas encore atteint sa maturité. En 2016, seuls 58 % des Français possèdent un smartphone et le taux d'équipement reste un des facteurs de la croissance du marché du commerce mobile. La France se situe en deçà de la moyenne européenne au niveau du taux d'équipement, largement devancée par le Royaume-Uni (77 %) et les Pays-Bas (73 %) (Criteo, 2016).

Valeur des ventes sur mobile dans les principaux pays d'Europe et d'Amérique du Nord

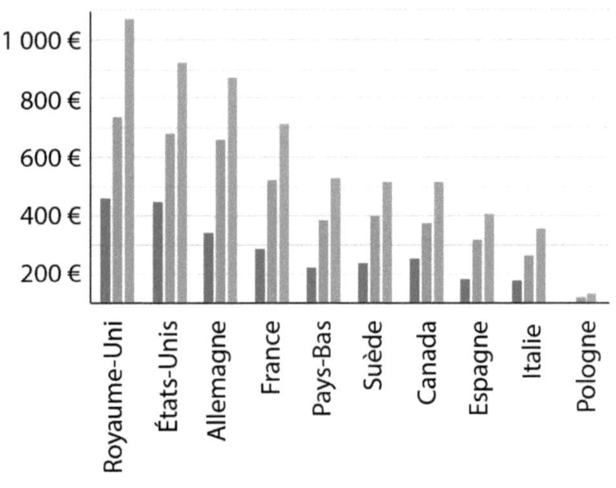

Ces dernières années, les ventes sur appareils mobiles ont fortement augmenté en Europe et dans le monde. Au Royaume-Uni par exemple, la valeur moyenne des achats mobiles était de 456,97 € par acheteur en 2014 et de 1074,10 € en 2016, soit une augmentation de 106 % en deux ans. En France, la valeur moyenne des achats mobiles est passée de 282,85 € à 711,67 € sur la même période.

La percée du m-commerce est par ailleurs particulièrement forte dans les marchés émergents, notamment en Asie du Sud-Est et au Moyen-Orient. Selon une étude du Pew Center (2016), plus de 85 % des jeunes adultes Chinois (individus âgés de 18 à 34 ans) possédaient un smartphone en 2015, un chiffre identique à la France pour la même catégorie de population, mais surpassé par la Corée du Sud où le taux frôle les 100 %.

En règle générale, le taux de pénétration du commerce mobile est plus fort chez les jeunes, mais il augmente également avec le niveau de revenus et le niveau d'éducation. Bien qu'en Occident, l'accès à l'Internet mobile soit à peu près également réparti entre hommes et femmes, certains pays (notamment africains) révèlent un taux proportionnellement plus élevé chez les hommes. En résumé, si votre entreprise cible les jeunes avec un haut niveau de revenus, le m-commerce est d'autant plus incontournable !

Ce type de commerce est bel et bien entré dans les mœurs et devient un canal de vente incontournable. La possibilité pour les détenteurs d'appareils mobiles d'acheter à tout moment et à partir de n'importe quel endroit grâce à Internet a engendré une modification profonde des comportements d'achat en accordant une place particulièrement importante à l'immédiateté et aux paiements dématérialisés.

En outre, avec l'avènement du Web 2.0, les consommateurs se transforment en « consommacteurs » qui achètent, comparent, donnent leurs avis sur les produits et services, et participent de façon active à l'essor de nouvelles marques. C'est pourquoi les enseignes ne peuvent pas ne pas se préoccuper de ce phénomène dans leurs stratégies commerciales.

Les entreprises peuvent désormais utiliser le m-commerce et ses multiples supports pour communiquer avec leurs clients et leurs prospects de manière permanente, voire en temps réel. Notre univers commercial change et c'est l'instant présent qui domine. Les consommateurs ne veulent plus attendre pour consommer et attendent une disponibilité des produits 24 heures sur 24. Ils sont également avides de tendances et de nouveautés. C'est sur ce constat que doivent s'appuyer les entreprises pour vendre plus.

LES SECTEURS CONCERNÉS

De nombreux secteurs d'activité s'intéressent au m-commerce, mais certains sont plus présents que d'autres. Ainsi, le m-tourisme est aujourd'hui très développé. Cela s'explique par le fait que les touristes sont, par définition, des clients en déplacement, susceptibles d'utiliser leurs appareils mobiles pour s'informer, mais aussi acheter, par exemple pour réserver un restaurant, une chambre d'hôtel ou une visite guidée à leur arrivée dans une ville. Le secteur financier fait aussi office de précurseur, même si les banques font désormais face à la concurrence de nouveaux acteurs spécialisés dans les paiements mobiles tels que PayPal ou ApplePay.

BON À SAVOIR

En France, les produits high-tech représentent 21 % des ventes en ligne d'après les chiffres publiés par la Fédération e-commerce et vente à distance (Fevad, 2016). Le secteur qui génère la majeure partie des revenus du e-commerce est le tourisme avec 43 % de parts de marché et 18,7 milliards d'euros de chiffre d'affaires. Les achats de produits culturels arrivent en seconde position avec 39 % de parts de marché. La catégorie des équipements maison high-tech n'arrive qu'en cinquième position avec 21 % de parts de marché. La tête du classement est occupée par Amazon avec 18,13 millions de visites. Il précède Cdiscount (11,17 millions) et Fnac.com (9,32 millions).

Trouver un professionnel

Créer une application mobile requiert l'expertise de professionnels. Afin de mettre au point votre propre application, vous pouvez faire appel à trois types d'acteurs : les agences, les développeurs indépendants et les éditeurs de solutions en ligne.

- **Les agences** se sont créées pour répondre à la demande des professionnels pour la conception d'applications. Ces agences possèdent le savoir-faire et les compétences pour accompagner le client dans toutes les phases du projet. Dans ces agences travaillent en général au moins un chef de projet qui étudie les besoins et pilote l'opération étape par étape, un designer qui s'intéresse à l'aspect graphique de l'application, et un développeur qui code l'application selon les différents langages informatiques, par exemple Objective-C pour les applications iPhone. S'adresser à une agence permet de bénéficier de compétences certaines, mais représente un investissement de l'ordre de 3 000 € pour une application standard et de 10 000 à 15 000 € pour une application complexe.

- Autre possibilité, **le développeur indépendant.** Celui-ci peut s'occuper à la fois de la création graphique et du codage informatique de l'application. Il peut parfois être aussi efficace qu'une agence, mais propose en général une application pour un coût réduit.
- Dernière possibilité, **les logiciels de création d'applications**. De plus en plus de sites internet proposent à leurs utilisateurs de créer en toute autonomie leurs propres applications mobiles. L'intérêt de ces solutions en ligne est de pouvoir maîtriser la totalité du projet pour un coût bien moindre qu'avec une agence ou un développeur indépendant. En revanche, la personnalisation est nettement moins poussée et les designs, quoique modifiables, restent communs à bon nombre d'autres applications. À titre d'exemple, l'entreprise AppYourself, fondée en 2011, propose une solution permettant de créer des applications pour iOS, Android et Windows Phone ainsi que des applications HTML5.

Différents types d'applications mobiles

Trois choix s'offrent à vous :

- **une application native**. Installée sur un smartphone ou une tablette, il s'agit d'une application sur-mesure qui doit être adaptée à chaque système d'exploitation (OS). En somme, il vous faut développer une version différente de l'appli pour chaque type de télé- phone (Apple, Android, Windows, etc.) ;
- **une application web**. Un site internet mobile est une version simplifiée d'un site web créé pour être consulté à partir du navigateur inter- net d'un smartphone. Une connexion web est indispensable pour y accéder ;
- **une application hybride**. Codée en langage web (HTML), elle est multiplateforme, mais offre moins de fonctionnalités et de performances.

LES STRATÉGIES

Identifier la solution mobile la plus adaptée

Le développement d'une application mobile est général considéré comme la première étape dans le déploiement d'une stratégie de m-commerce. Pourtant, cela n'est pas toujours indispensable.

Concrètement, on peut distinguer trois grandes approches stratégiques :

- une stratégie 100 % mobile ;
- le mobile conçu comme une version simplifiée et complémentaire du site d'e-commerce ;
- une correspondance parfaite, même au niveau des fonctionnalités, entre site mobile et site classique.

Une stratégie 100 % mobile consiste à utiliser une application sans site web. L'application s'installe directement sur la mémoire du mobile et propose des fonctionnalités *on line* ou *off line*.

Cette solution est appréciable non seulement parce que l'application peut être utilisée sans Internet, mais aussi parce qu'il est possible d'y intégrer les fonctions du mobile. De plus, l'interface sera plus riche grâce aux expériences uniques des utilisateurs. Par exemple, des entreprises du secteur du tourisme font le choix de cette stratégie 100 % mobile, car de cette façon, elles accompagnent le touriste dans ses déplacements. Par contre, si vous désirez que cette application soit disponible sur toutes les plateformes, cela coûte relativement cher.

Développer un site mobile en parallèle de son site d'e-commerce est une stratégie double où la redirection peut être proposée par la question : « Souhaitez-vous visiter la version mobile de ce site ? »

Développer un site *responsive*, à savoir un site web adaptatif grâce à différents principes techniques, permet en revanche de n'avoir qu'un seul site qui s'adapte aux écrans des smartphones et des tablettes pour proposer une navigation de qualité quel que soit le support. Pour des raisons évidentes de coûts, c'est bien souvent cette solution qui est choisie par les e-commerçants.

Appli ou site mobile

Du point de vue pratique, deux possibilités principales s'offrent aux entreprises :

- créer un site mobile ;
- créer une application mobile.

Ces deux options peuvent dans certains cas être complémentaires et de nombreuses enseignes laissent le choix au consommateur. Voici un résumé des principaux avantages et inconvénients de chaque option :

	Site mobile	Application mobile
Avantages	• Ne nécessite qu'un seul et unique développement pour tous les types de plateformes (IOS, Android, Windows Mobile, etc.) : le coût de développement est donc moins élevé. • Permet de créer une expérience utilisateur complète et totalement adaptée au mode d'utilisation.	• Permet d'intégrer les fonctionnalités du mobile pour enrichir l'expérience utilisateur (caméra, géolocalisation, notifications, etc.). • Une interface plus riche qui permet de créer un expérience utilisateur unique et différenciante par rapport aux sites web ou mobiles. • Peut fonctionner sans connexion Internet.

	Site mobile	Application mobile
Inconvénients	• En plus de votre site web classique, vous devez vous occuper de gérer votre site mobile, ce qui demande du temps. • La multiplication des formats d'écran vous demande de créer un site pour chaque format ou taille. • Les contenus doivent être dupliqués sur des adresses différentes (ex : lemonde.fr et mobile.lemonde.fr).	• Le coût de développement est plus élevé, car l'application mobile doit être développée sur plusieurs plateformes. • Elle ne peut pas bénéficier de tous les avantages des applications, comme la réalité augmentée, la boussole, le gyroscope, la visioconférence, etc.

LE SAVIEZ-VOUS ?

Les écosystèmes (Google, Apple, Microsoft, etc.) représentent une solution complète, c'est-à-dire des offres de services interactives et complémentaires générant des synergies, mises à la disposition des utilisateurs sur une plateforme dans le but de retenir les clients le plus longtemps possible. Par exemple, l'écosystème de Google propose une multitude d'applications comme Google Docs, Gmail, Google Drive, Google Music, Google Agenda, Google Forms, Google Play Movie, etc. De la même manière, Apple, avec la synchronisation de ses appareils et grâce à la fonction « Handoff » permet de continuer un travail entamé sur un autre appareil.

Le coût de développement et de maintenance d'une application mobile est important, car il requiert d'ajuster l'application aux spécifications des différents systèmes. Google, Apple et Microsoft imposent en effet des contraintes techniques différentes aux développeurs désireux de mettre une application à disposition dans leur répertoire d'applications. Il faut par ailleurs réaliser de très nombreuses mises à jour pour s'assurer que ces spécifications soient compatibles avec les nouveaux modèles d'appareils. Par conséquent, le site mobile apparaît souvent

comme une solution plus adaptée pour les PME
(petites et moyennes entreprises).

> ### <u>Bon à savoir</u>
>
> Bertrand Bathelot, professeur agrégé de
> marketing spécialisé dans le marketing digi-
> tal, définit la **géolocalisation** comme « un
> ensemble de procédés techniques par les-
> quels il est possible de localiser géographi-
> quement, le plus souvent en temps réel, des
> individus à des fins marketing » (BATHELOT
> (Bertrand) et CARPENTIER (Stéphane), *La pu-
> blicité sur Internet*, Paris, Micro Application,
> 2001, p. 299).

Quelle que soit l'option choisie, l'ergonomie de
l'interface est un facteur clé de réussite. Celle-ci
repose principalement sur deux critères :

- **l'utilité**, c'est-à-dire la mesure dans laquelle
  l'interface répond aux besoins des utilisateurs
  finaux ;
- **l'utilisabilité**, c'est-à-dire la facilité d'utilisation. L'accès aux informations doit être
  efficace et la navigation conviviale pour inciter
  l'internaute à revenir sur le site.

L'ergonome web cherche à optimiser l'utilisation d'un site internet en rendant son interface la plus lisible possible pour l'internaute. Pour cela, il définit l'architecture de l'information, les principes de navigation et la structuration des pages. Il vérifie ses hypothèses en organisant des tests utilisateurs. La difficulté réside dans la prise en compte de la diversité des internautes en ce qui concerne leurs attentes, leur âge, leurs habitudes, leurs handicaps, ou encore leur niveau de connaissance du produit.

Penser à l'impact du mobile sur la stratégie marketing

Le marketing mobile se met en place avant, pendant et après l'acte d'achat. Une stratégie mobile réussie repose donc sur ces trois axes.

Tout d'abord, vous devez penser au développement de services mobiles pour inciter et accompagner le consommateur jusqu'à son acte d'achat, par exemple en proposant des « assistants shopping » et en adaptant la navigation au processus de décision. Les consommateurs peuvent par exemple se servir de leur smart-phone pour trouver le point de vente le plus proche lorsqu'ils cherchent un produit particulier. Les objectifs et les usages marketing de la géolocalisation sont nombreux et variés :

- intégration de la géolocalisation dans l'offre de service, par exemple les services de rencontre ou la réservation de véhicules Uber ;
- enrichissement de l'expérience client, par exemple pour faciliter la circulation au sein des aéroports ou des centres commerciaux ;
- personnalisation de l'offre avec par exemple l'utilisation de publicité géolocalisée (réductions pour les restaurants à proximité, etc.) ;
- utilisation des données géographiques à des fins d'études marketing ;
- mesure de l'efficacité des pratiques *drive-to-store* (ciblages des automobilistes pour les inciter à se rendre sur un point de vente physique sur leur chemin).

Des exemples réussis

Comment faire pour créer une relation client efficace qui aboutira au « bon message à la bonne personne au bon moment au bon endroit » et fidélisera les clients ? Il existe des succès incontestables de m-commerce et il est intéressant de regarder d'un peu plus près les stratégies mises en œuvre par ces entreprises.

- **Starbucks** a lancé en janvier 2011 une application de paiement en ligne dans 10 000 enseignes aux États-Unis après avoir remarqué que la majorité des consommateurs utilisaient leur carte bancaire pour payer. C'est la rapidité et la simplicité du paiement avec une carte prépayée et la possibilité d'engranger des points de fidélité intégrés dans le compte client qui explique le succès de cette application mobile. La notoriété de la marque s'en est trouvée renforcée.
- **Auchan Drive** a mis en place en France un service de courses en ligne sur Internet avec une application mobile en 2010. À travers ce service, les clients peuvent récupérer leurs courses au supermarché après que leur commande de produits ait été préparée par un membre du personnel d'Auchan. En facilitant les commandes, ce service a certes diminué le nombre moyen de produits contenus dans le panier d'achats, mais il a aussi multiplié le

nombre de commandes. Ceci s'explique par davantage de commandes « impulsives ».

- **Amazon**, géant mondial de l'e-commerce, fait également partie des précurseurs en matière de m-commerce. L'entreprise poursuit actuellement une stratégie de multiplication des canaux de vente, et notamment celui du mobile. Lors des vacances de Noël en 2016, plus de 72 % des clients Amazon à travers le monde ont acheté des produits sur le site à l'aide d'un appareil mobile.

- **La Fnac** a lancé en 2014 une nouvelle version de son application mobile, qui bénéficie d'un design et d'une ergonomie entièrement revus. Elle utilise la technique de *cross canal*, c'est-à-dire qu'elle permet de faire le lien entre les magasins physiques, les catalogues papiers et le site marchand. Il n'y a plus de concurrence entre les différents canaux de distribution. Cette application permet d'acheter en ligne, de suivre ses commandes, de scanner des flashs codes pour obtenir des fiches sur les produits, de consulter des avis, de payer rapidement et en toute sécurité, de suivre la livraison des produits commandés, ou encore de gérer ses points de fidélité.

- **TripAdvisor**, le célèbre site de voyages, permet depuis plusieurs années aux utilisateurs de l'application mobile de trouver un restaurant, un hôtel ou un musée à proximité grâce à la géolocalisation. Lorsqu'une réservation est effectuée via l'application TripAdvisor, le gérant de restaurant ou de l'hôtel verse une commission au site de voyage.

TENDANCES ET ÉVOLUTION FUTURE DU M-COMMERCE

L'enquête Criteo de 2016, publiée début 2017, recommande aux entreprises de m-commerce d'adopter une « vue utilisateur » plutôt que de se focaliser sur l'appareil mobile à travers lequel une transaction a été effectuée. En effet, en France, 45 % des transactions réalisées sur mobiles impliquent l'utilisation de deux appareils ou plus. Cela signifie que le consommateur combine des recherches sur tablette, PC et smartphone, avant de finaliser son achat. Réaliser une analyse *cross-device* tenant compte de la multiplicité des appareils utilisés par les consommateurs est donc essentiel. La capacité des entreprises à offrir une expérience utilisateur unifiée et synchronisée à travers l'ensemble des supports disponibles constitue désormais un avantage concurrentiel.

D'autre part, les applications de messagerie instantanées jouent désormais un rôle majeur dans le marketing mobile. WeChat, l'application la plus utilisée en Asie, et WhatsApp, très utilisée dans le reste du monde, sont devenus des canaux essentiels de communication. Lancée en 2011 par le numéro deux du Web en Chine, Tencent, WeChat comptait plus de 650 millions d'utilisateurs en 2016, majoritairement âgés de 18 à 35 ans. La Chine est son premier marché, mais WeChat est également populaire dans certains pays d'Asie et d'Afrique, comme au Congo, au Malawi ou en Afrique du Sud.

Offrant un mélange de fonctionnalités issues de Facebook, Twitter, Messenger et Paypal, WeChat fonctionne comme un écosystème à part entière où les internautes peuvent, sans sortir de l'application, discuter, recommander des articles ou payer aussi bien des factures d'électricité que des courses au supermarché. Des entreprises de luxe françaises utilisent désormais WeChat pour leur stratégie de m-commerce, comme Louis Vuitton qui informe ses clients sur ses sacs via l'application, ou Cartier qui permet aux utilisateurs de réserver des produits et de noter les boutiques.

Le m-commerce s'immisce également dans les réseaux sociaux. Facebook, Twitter et LinkedIn offrent diverses formules aux enseignes désireuses de cibler leurs utilisateurs. Snapchat propose ainsi des publicités vidéo avec possibilité d'achat depuis avril 2016. Sur Pinterest, certaines marques permettent aux utilisateurs de trouver un produit à partir d'une photo prise par un smartphone, et du même coup de l'acheter. Sur Facebook, il n'y a qu'un pas à franchir pour passer du célèbre « j'aime » au « j'achète ».

Objets connectés, intelligence artificielle, réalité virtuelle... Toutes ces innovations technologiques changent notre quotidien et contribuent également à redéfinir le commerce. La révolution numérique se poursuit et la collecte des données utilisateurs à grande échelle, le fameux *big data*, offre de nouvelles possibilités aux annonceurs. Les géants du Web comme Apple, Google, Microsoft et Amazon ont réalisé des investissements considérables dans l'intelligence artificielle, développant des applications comme

Amazon Echo qui permettent à l'utilisateur de réaliser des achats grâce à une expérience nouvelle et multidimensionnelle. L'intégration d'assistants virtuels, vocaux et visuels, dans les smartphones, participe à ce processus.

<u>**LE SAVIEZ-VOUS ?**</u>

L'intelligence artificielle constitue un ensemble de technologies :

- **l'apprentissage automatique ou *machine learning*** est utilisé pour la maintenance prédictive, les filtres antispam et les moteurs de recherche ;
- **la reconnaissance d'images et de sons ou *machine perception*** est utilisée en robotique pour identifier des gens ou des objets, et dans le domaine médical pour analyser des radios ;
- **le traitement du langage naturel ou *natural language processing*** est utilisé pour la traduction automatique, les claviers intelligents, mais aussi par les smartphones pour comprendre une question et y répondre ;

- **la planification des tâches ou *automated planning*** est utilisée par exemple par les voitures autonomes pour calculer un itinéraire ou prendre une décision sur la conduite.

Enfin, le m-commerce bénéficie des outils d'aide à la décision tarifaire qui permettent une analyse historique détaillée des données-produits en vue d'améliorer le rendement des achats d'espaces publicitaires sur Internet et sur les mobiles. Des régies nouvelle génération utilisent aujourd'hui des moteurs prédictifs du comportement des internautes et mobinautes pour afficher les publicités personnalisées les plus adéquates et inciter à l'achat.

TOP CONSEILS

- **Adaptez votre stratégie aux ressources dont vous disposez.** Votre stratégie de m-commerce doit être adaptée à votre taille, à votre activité et à vos ressources. Si vous avez des ressources financières et techniques limitées, un site web *responsive* peut vous permettre d'offrir une expérience mobile à vos utilisateurs sans devoir développer une application dédiée ou un site mobile indépendant.
- **Réfléchissez à l'intégration entre votre solution mobile et un éventuel site web « classique ».** Sauf en cas de stratégie 100 % mobile, la complémentarité avec votre site internet est essentielle pour offrir une expérience cohérente à vos clients et renforcer votre marque. Sachez qu'il est conseillé d'accompagner une application mobile d'un site internet afin d'augmenter la visibilité de l'application de manière indirecte à l'aide du référencement du site (SEO ou *Search Engine Optimisation*).

- **Adaptez votre solution mobile à votre cible.**
  Une stratégie de m-commerce doit être ciblée
  et le succès de votre stratégie dépendra en
  grande partie de votre capacité à identifier et
  cerner les besoins de votre groupe cible. Le
  contenu de votre appli ou de votre site mobile,
  ainsi que l'intégration éventuelle avec d'autres
  applis, doivent découler directement d'une
  bonne connaissance des préférences de vos
  clients et prospects.

- **Pensez à offrir un espace d'échange et de
  discussion pour créer un véritable dialogue
  avec vos clients, mais aussi au sein de votre
  communauté de clients.** Les utilisateurs du
  Web 2.0 aiment donner leur avis, échanger
  avec d'autres mobinautes et interagir directement avec leurs marques préférées. Le feed-
  back utilisateurs vous permettra par ailleurs
  de recueillir de nouvelles idées d'amélioration
  du service et de la solution mobile, contribuant
  ainsi directement à fidéliser vos utilisateurs et
  à vous assurer qu'ils restent impliqués dans
  votre développement.

- **Pensez à long terme et ne négligez pas l'importance des mises à jour.** Si vos ressources
  sont limitées, évitez de multiplier les applis

et concentrez-vous plutôt sur un site mobile simple et de bonne qualité. N'oubliez pas que des applications mobiles dédiées requièrent de fréquentes mises à jour. Rien de pire qu'une application mal notée et boudée des consommateurs en raison de déficiences techniques. Si vous investissez dans une appli mobile, soyez prêt à en assurer le maintien sur la durée !

- **Misez sur l'ergonomie.** Une solution mobile doit respecter les grands principes de l'ergonomie web et être intuitive, offrant à ses utilisateurs simplicité et gain de temps. Le mobile doit vous forcer à repenser à l'expérience utilisateur. Pensez à inclure un processus de paiement simplifié et à éviter une vitesse de chargement trop longue pour les utilisateurs qui se connecteraient via le réseau 3G. Si nécessaire, faites appel à un professionnel pour tester l'application. Avant même de lancer votre solution de m-commerce, il peut être utile de l'évaluer auprès d'utilisateurs tests.

- **Réfléchissez au financement de votre application mobile.** Certaines applications sont payantes, mais une application de m-commerce doit en principe être téléchargeable gratuitement. Le consommateur n'apprécie pas, en général, de devoir payer un droit d'entrée pour pouvoir ensuite vider son porte-monnaie ! Dans certains cas, des publicités intégrées à une application mobile peuvent toutefois présenter une source de financement.

- **Pensez à intégrer les réseaux sociaux et les applications de messagerie instantanée à votre stratégie.** Les réseaux sociaux sont avant tout un canal de communication. Utilisez-les pour travailler la propagation d'un message : sa viralité. Travaillez à construire et à développer une communauté d'utilisateurs fidèles qui pourront se transformer en ambassadeurs de votre marque. Vous pouvez par exemple créer une communauté en proposant des animations, des offres spéciales ou encore des jeux concours à votre groupe cible. Facebook est souvent incontournable pour les produits et services de détails, mais assurez-vous d'adapter votre stratégie à chaque plateforme.
- **Une fois l'application publiée, mettez à profit les retours d'expériences.** Les commentaires des utilisateurs mobiles, positifs comme négatifs, sont précieux pour améliorer le taux de conversion. Un moyen efficace est

de reconstituer le parcours moyen des utilisateurs dans l'application.

- **Proposez un moyen simple et sécurisé pour le paiement**. En effet, bien que les internautes soient de plus en plus nombreux à consulter leurs comptes bancaires depuis une application mobile, ils se montrent encore réticents pour le paiement en ligne depuis leur smartphone ou leur tablette. Le développement des achats mobiles ne pourra se faire qu'en gagnant la confiance des utilisateurs et en leur garantissant la sécurité. Le paiement mobile permet de régler ses achats en toute simplicité : il suffit d'être équipé d'un smartphone avec la technologie NFC (*Near Field Communication*), qui vous permettra de valider la transaction.

FAQ

QUELLES SONT LES PRINCIPALES FONCTIONNALITÉS OFFERTES PAR LE M-COMMERCE ?

Une solution de m-commerce efficace permet à vos clients et prospects de :

- faire le lien entre points de vente physiques et offre en ligne ;
- trouver facilement un produit grâce à un moteur de recherche fluide et proposant des fiches produits claires et complètes ;
- bénéficier de recommandations personnalisées ;
- partager des avis et des conseils d'utilisation sur les produits ;
- obtenir une carte d'adhérent digitale et collecter des points de fidélité ;
- visualiser l'historique des commandes et suivre ses commandes en temps réel ;
- recevoir des alertes, des bons plans, des promotions, etc. ;

- trouver facilement l'adresse et les horaires des points de vente grâce à la géolocalisation ;
- réaliser des achats de manière rapide et totalement sécurisée.

QUELS SONT LES PRINCIPES DE BASE D'UNE ERGONOMIE RÉUSSIE ?

Le succès d'une interface mobile réside en grande partie dans sa facilité d'utilisation, c'est-à-dire son ergonomie. Il faut penser simplicité, gain de temps et intuition.

- **Simplicité. L**'application doit idéalement être ludique, son graphisme soigné et épuré. Pensez aussi aux règles d'ergonomie et de navigation spécifiques à chaque tablette ou smartphone (taille de l'écran). Optez pour des couleurs suffisamment contrastées pour faciliter la lisibilité (en plein soleil par exemple). Les images et les vidéos ne doivent être proposées que si elles ont une réelle utilité : prenez en compte leur temps de téléchargement !
- **Gain de temps pour l'utilisateur**. Valorisez les accès directs grâce à des recherches courantes, un historique, une saisie autocomplétive, des suggestions, ou encore la géolocalisation.

- **Intuition**. Placez des puces de navigation en haut ou en bas de l'écran, utilisez des pictogrammes et des termes clairs pour mettre en évidence des onglets et des pages importantes : paiement, produits, accueil, etc.

QUEL(S) SYSTÈME(S) D'EXPLOITATION CHOISIR ?

Si vous développez une application mobile, vous devrez choisir les plateformes mobiles sur lesquelles la rendre disponible. Le choix dépendra de votre cible et de ses préférences. Il est toutefois conseillé de ne pas faire l'impasse sur les trois principaux OS utilisés aujourd'hui : Google Play, l'App Store, et le Windows Store. Certains modèles de smartphones tournent par ailleurs sur d'autres systèmes d'exploitation, comme certains appareils BlackBerry.

L'App Store d'Apple, lancé en juillet 2008, offre aujourd'hui plus de 250 000 applications pour iPhone et iPad, ce qui en fait la plateforme la plus prisée par les éditeurs de programmes. Lancée trois mois plus tard, la boutique d'applications Google Play est disponible sur les appareils mobiles Android, dont la part de marché dépasse désormais Apple dans de nombreux pays. Inconvénient majeur : la stratégie multiterminaux de Google a pour conséquence l'existence d'un grand nombre de versions différentes d'Android, ce qui complique la conception d'applications pour cet OS. Google Play se distingue également des autres boutiques d'applications comme étant celle où est proposée la plus forte proportion d'applications mobiles gratuites.

Quant au Windows Store, il reste bien moins fourni que ses deux principaux concurrents, mais sa part de marché a récemment augmenté grâce au succès des appareils Surface. Les autres plateformes, dont celles de fabricants d'appareils comme Samsung ou HP, restent relativement marginales et sont souvent proposées en complément d'Android.

COMMENT UTILISER LA PERSONNALISATION POUR AMÉLIORER LES VENTES ?

Le commerce mobile vous permet de personnaliser et de contextualiser votre offre afin d'améliorer l'expérience utilisateur. Grâce à une segmentation de plus en plus poussée, vous pouvez adapter le contenu et le parcours de navigation client de votre solution mobile au profil de vos clients et prospects.

La géolocalisation peut ainsi vous permettre de mettre en avant l'offre disponible dans une zone géographique particulière. Une enseigne de prêt-à-porter peut aussi permettre à ses clients d'essayer virtuellement des tenues avant de les commander, en collectant par exemple leurs mensurations et en leur permettant de visualiser une photo prise avec leur smartphone en superposition avec différentes combinaisons de vêtements. La publicité mobile peut aussi adapter les messages au comportement et préférence du consommateur, tenant compte de ses centres d'intérêt et de son historique d'achats. Les messages deviennent ainsi très ciblés et donc plus efficaces.

COMMENT RÉUSSIR SON RÉFÉRENCEMENT ET APPARAÎTRE EFFICACEMENT AUX YEUX DES CLIENTS ?

Avoir un site adapté au format mobile est un gage de réussite lorsque l'on veut pratiquer le m-commerce. Le terme « référencement » (en anglais, SEO pour *Search Engine Optimization*) désigne l'ensemble des techniques permettant d'améliorer la visibilité d'un site dans les résultats des moteurs de recherche. Il s'agit de positionner les pages d'un site en bonne place dans les pages de résultat pour certains mots-clés. Au niveau des applications mobiles, le référencement est tout aussi important et nombre de consommateurs utilisent des mots-clés pour trouver des produits et services via les boutiques d'applications.

Il faut savoir que les critères utilisés par les moteurs de recherche web et mobiles sont variés et changent en permanence. Une bonne ergonomie et un haut niveau de sécurité peuvent notamment faciliter votre référencement.

Pour référencer au mieux les pages d'un site web et leur apporter un meilleur placement dans les résultats des moteurs de recherche, il faut bien réfléchir aux choix des mots clés et au contenu du site en travaillant les titres des pages (il faut soigner la balise *Title*, c'est-à-dire le titre du document HTML qui s'affiche en haut du navigateur) qui doivent contenir dix mots maximum. Faire figurer des blogs, des images et proposer un contenu varié en utilisant des liens augmentera également la fréquentation. N'oubliez pas l'importance des liens vers les réseaux sociaux.

COMMENT INTÉGRER LES RÉSEAUX SOCIAUX AU M-COMMERCE POUR COMMUNIQUER ET VENDRE PLUS ?

Le nombre de réseaux sociaux augmente régulièrement : Facebook, Twitter, Instagram, Pinterest, LinkedIn, Snapchat, Viadeo, Tumblr, etc. sont parmi les plus connus. Ces plateformes sont souvent utilisées quotidiennement par les mobinautes et permettent aux annonceurs de toucher à moindres frais un nombre très important de clients potentiels. Toutefois, le retour sur investissement sur les réseaux sociaux reste encore difficile à chiffrer en raison des faux profils et de l'utilisation de robots. L'audience est très variable et dépend de votre activité. Elle peut monter très vite et retomber aussi vite, d'où l'intérêt de poster des messages pertinents et marquants, pour attirer les mobinautes et les fidéliser.

Même sans investir dans une campagne publicitaire sur les réseaux sociaux, il peut être intéressant de prévoir d'intégrer des liens vers les réseaux sociaux dans votre solution mobile afin de favoriser le partage d'informations par les utilisateurs sur vos produits et services.

Les unités commerciales doivent donc choisir les réseaux sociaux sur lesquels elles veulent être présentes. Elles animent un compte en fonction des objectifs visés, du positionnement choisi, des cibles, mais également des moyens financiers et humains disponibles.

Facebook étant le deuxième site le plus visité au monde, créer une page sur ce site permettra aux utilisateurs de facilement suivre l'actualité de l'entreprise. De plus, grâce à l'outil statistique de Facebook, il est possible de calculer la fréquentation de la page. Twitter est également un réseau social intéressant, utile pour promouvoir des événements et l'actualité, proposer des réductions ou des bons plans et générer du trafic sur son site web. Pinterest, service de partage de photos, permet lui aussi de mettre en avant des produits et des services. En outre, les utilisateurs peuvent faire des commentaires, ce qui crée des interactions.

Bien sûr, gérer les réseaux sociaux demande du temps, et ce n'est utile que si les clients ou les prospects sont des utilisateurs. Il convient de travailler les contenus des informations transmises via les réseaux sociaux. Pour qu'ils soient efficaces, il faut créer des messages iconographiques créatifs et originaux, drôles, facilement compréhensibles, nouveaux, exclusifs et qui permettent l'interactivité.

Avec les réseaux sociaux, le mobinaute est sollicité pour donner son avis et partager, il se sent impliqué dans la marque et participe activement à la vie de l'entreprise, ce qui influence positivement son comportement d'achat.

COMMENT MESURER L'EFFICACITÉ DE VOTRE SOLUTION MOBILE ?

Une fois mise en œuvre, vous devez régulièrement tenter d'évaluer la performance et la pertinence de votre solution mobile. Figurent parmi les indicateurs clés qui sont le plus utilisés lors des enquêtes par les organismes d'étude :

- le temps de téléchargement des pages ;
- le nombre de créations de comptes ;
- le panier moyen ;
- la part du mobile dans les ventes en ligne ;
- le nombre de visites et de visiteurs ;
- le nombre de téléchargements ;
- le taux de conversion (proportions d'achats par rapport aux visites).

À VOUS DE JOUER !

LES DIX QUESTIONS À VOUS POSER AVANT DE DÉVELOPPER VOTRE SOLUTION DE M-COMMERCE

Avant de développer votre application ou site mobile, prenez le temps de répondre à chacune des questions suivantes :

Question	Votre réponse
1. À qui s'adresse l'application mobile ?	
2. À quoi va-t-elle servir ?	
3. Quels seront les avantages retirés par l'entreprise ?	
4. Ma solution est-elle adaptée à tous les supports : tablettes, smartphones, autres ?	
5. Quelles fonctionnalités dois-je mettre en place ?	
6. Quelles données utilisateurs pourrais-je obtenir via la solution mobile ?	
7. Comment puis-je utiliser ces données pour améliorer l'expérience utilisateur ?	
8. Ma solution mobile sera-t-elle gratuite ou payante ?	
9. Comment puis-je organiser le lancement de la solution mobile de manière virale ?	
10. Comment pérenniser ma solution mobile dans le temps ?	

CHECK-LIST DES ASPECTS TECHNIQUES POUR UNE APPLICATION MOBILE PERFORMANTE

Voici une liste de dix aspects à prendre en considération pour créer une application mobile performante, et des exemples de fonctionnalités utiles qui leurs sont liés.

- **Le design**. Le design de votre application est particulièrement important : il s'agit de la façade qui relie l'utilisateur à votre application.
  - Adaptez l'affichage au petit écran. L'utilisateur doit pouvoir lire et accéder à toutes les informations détaillées.
  - Permettez au mobinaute d'agrandir et d'éclaircir les zones cliquables. L'utilisateur ne doit pas s'attarder à chercher où appuyer, il faut donc élargir le cadre des zones cliquables et surtout laisser de l'espace entre les zones pour éviter les confusions.
  - Indiquez clairement où l'on se trouve dans le menu de navigation à tout moment.
  - Soignez les icônes.

- **L'utilisation instantanée**. Les utilisateurs doivent être en mesure d'utiliser l'application dès son téléchargement, car le premier contact est le plus important. S'ils doivent passer trop de temps à configurer votre application ou à créer un compte avant de pouvoir l'essayer, ils risquent d'abandonner en cours de route. Si une tâche doit être nécessairement être réalisée avant que pouvoir commencer à utiliser l'application, assurez-vous que vous offrez une récompense immédiate pour motiver les utilisateurs.

- **La liberté**. Votre utilisateur doit être libre et actif dans votre application. Donnez-lui accès à un maximum de choix d'actions. Par exemple, assurez-vous qu'il puisse arrêter une animation, baisser le volume, ou encore gérer la luminosité.

- **L'organisation visuelle et la cohérence**. La manière dont votre application est construite doit être cohérente : terminologie, couleurs, mise en page, etc. Il faut éviter toute animation ou distraction inutile qui pourrait perturber l'utilisateur. Pour attirer l'œil sur votre application dans une boutique d'applis, il faut soigner :

- le titre de votre application, qui doit être bien étudié ;
- l'icône qui incite les utilisateurs à la télécharger ;
- les captures d'écran qui montrent le contenu de votre application.

- **La simplicité et la clarté**. Pour certaines personnes, la simplicité est devenue une religion. Vous verrez que les meilleures applications penchent toujours vers la simplicité. Évitez d'utiliser beaucoup de couleurs ou des polices esthétiques, mais peu lisibles.

- **La vitesse**. C'est plus qu'une option ! Le mobile est un monde de gratification instantanée, où la durée d'attention des utilisateurs est comprise entre trois et cinq secondes. Les utilisateurs attendent des réponses immédiates, et si votre application prend trop de temps pour se lancer ou que ses pages sont longues à télécharger, l'opinion de l'utilisateur sur votre application pourrait en être fortement affectée.

- **L'assistance**. Guidez vos utilisateurs selon leurs besoins et leurs attentes. Ne les laissez pas se perdre. Pensez à inclure :

- une aide implicite sous forme de texte ;
  - une aide visuelle à travers l'organisation générale ;
  - une aide à travers le repérage des éléments actionnables.
- **Limiter l'utilisation du clavier**. La petite taille des touches de clavier peut gêner l'utilisateur. Il faut donc limiter au maximum son utilisation et mettre en place d'autres moyens, par exemple la recherche vocale.
- **Éviter les publicités dérangeantes**. Il faut éviter au maximum d'afficher des publicités et des animations, surtout dans les endroits d'une grande utilité. Des publicités intempestives génèrent souvent une opinion négative sur les applications qui en font usage.
- **La gestion des erreurs**. Il faut prévoir les erreurs que l'utilisateur peut commettre, et le guider pour qu'il trouve l'information recherchée le plus vite possible. Vous pouvez aussi mettre en place plusieurs moyens pour accéder à l'information.

N'oubliez pas que la satisfaction de votre utilisateur passe par son expérience globale sur votre application !

CARTE MENTALE POUR RETENIR L'ESSENTIEL

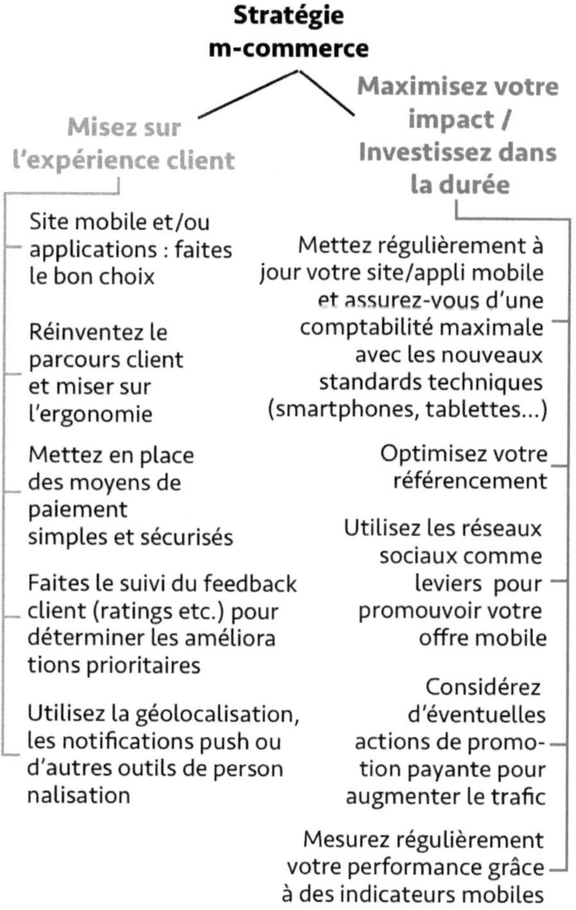

Votre avis nous intéresse !
Laissez un commentaire sur le site de votre
librairie en ligne
et partagez vos coups de cœur sur les réseaux
sociaux !

POUR ALLER PLUS LOIN

SOURCES BIBLIOGRAPHIQUES

- BATHELOT (Bertrand), « Définition : m-commerce », in *definitions-marketing.com*, 22 mars 2017, consulté le 7 décembre 2017. http://www.definitions-marketing.com/definition/M-commerce/?page=article

- BATHELOT (Bertrand) et CARPENTIER (Stéphane), *La publicité sur Internet*, Paris, Micro Application, 2001.

- CRITEO, « Rapport d'activité sur le commerce mobile au 2nd semestre. Focus sur l'impact des ventes cross-device », in *criteo.com*, 2017, consulté le 7 décembre 2017. http://www.criteo.com/fr/resources/cross-device-commerce-report-h2-2016/

- DE RANCOURT (Arnaud), *Réussir son dispositif de e-commerce*, Paris, ouvrage autopublié, 2013.

- LESTOUX (David), *Revitaliser son cœur de ville : l'adapter au commerce de demain*, Voiron, Territorial éditions, 2016.

- MERCKLÉ (Pierre), *Sociologie des réseaux sociaux*, Paris, La Découverte, 3e édition, 2016.

- PELET (Jean-Éric), *M-commerce. Du design d'interface à l'optimisation des ventes*, Tours, Pearson, 2014.

- PIRES (Thierry) et STIOUI (Emanuelle),
  *M-Commerce. Construire et piloter sa stratégie
  commerciale sur mobile*, Paris, Dunod, 2016.

- POUSHTER (Jacob), « Smartphone Ownership and
  Internet Usage Continues to Climb in Emerging
  Economies », in *pewglobal.org*, 22 février 2016,
  consulté le 7 décembre 2017. http://www.pewglo-
  bal.org/2016/02/22/smartphone-ownership-and-
  internet-usage-continues-to-climb-in-emerging-
  economies/

- SADEH (Norman), *M-Commerce. Technologies,
  Services, and Business Models*, Bostong, Wiley,
  2002.

- Site de la Fevad, la Fédération e-commerce et vente à distance, consulté le
  7 décembre 2017. http://www.fevad.com/
  le-1er-reseau-de-e-commercants/

SOURCES COMPLÉMENTAIRES

- BIANCHI (Frédéric), « Le commerce sur mobile en
  pleine explosion », in *lsa-conso.fr*, 14 juin 2011.
  http://www.lsa-conso.fr/le-commerce-sur-mo-
  bile-en-pleine-explosion,122562

- CHARDENON (Aude), « Food Tech : Eazeat, l'appli
  mobile qui veut booster la restauration hors-
  domicile », in *lsa-conso.fr*, 20 avril 2017. https://
  www.lsa-conso.fr/food-tech-eazeat-l-appli-
  mobile-qui-veut-booster-la-restauration-hors-
  domicile,258192

- COHEN (Laura), *Tout savoir sur... Marketplaces. L'avenir du e-commerce*, Bluffy, Éditions Kawa, 2013.

- COOP (William), « Pourquoi le m-commerce fait déjà rêver ? », in *lentreprise.lexpress.fr*, 18 janvier 2017. https://lentreprise.lexpress.fr/marketing-vente/ebusiness/pourquoi-le-m-commerce-fait-deja-rever_1519791.html

- COQUAIS (Morgane), « Infographie. La France, cinquième marché du e-commerce dans le monde », in *ecommercemag.fr*, 20 janvier 2017. http://www.ecommercemag.fr/Thematique/indicateurs-1010/Infographies/France-cinquieme-marche-commerce-dans-monde-313226.htm#J2K4hAJA5BtCCgI8.97

- DESCHAMPS (François), « La folle progression du m-commerce en Europe » in *lsa-conso.fr*, 4 janvier 2017. https://www.lsa-conso.fr/la-folle-progression-du-m-commerce-en-europe,251874

- GUERRIERI (Aurélie) *et alii, Le Marketing mobile. Comprendre, influencer, distribuer, monétiser*, Paris, Dunod, 2016.

- LUBET (Sophie), « Les réseaux sociaux, futurs champions du e-commerce ? », in *lesechos.fr*, 19 décembre 2016. https://www.lesechos.fr/idees-debats/cercle/cercle-164034-les-reseaux-sociaux-futurs-champions-du-e-commerce-2051588.php

- « M-commerce : Géocompare invente le comparateur de prix géolocalisé » in *lsa-conso.fr*, 2 décembre 2010. http://www.lsa-conso.fr/m-commerce-geocompare-invente-le-comparateur-de-prix-geolocalise,117839

- « M-Shoppeur : tour du monde du shopping mobile dans une infographie », in *ad-echange.fr*, 9 octobre 2013. http://www.ad-exchange.fr/m-shoppeur-tour-du-monde-du-shopping-mobile-dans-une-infographie-8076/

- PENAVAIRE (Célia), « Voyages-sncf.com lance la réservation de billets de train sur téléphone portable », in *lesechos.fr*, 4 décembre 2007. https://www.lesechos.fr/04/12/2007/lesechos.fr/300223654_voyages-sncf-com-lance-la-reservation-de-billets-de-train-sur-telephone-portable.htm

- REY (Marianne), « Quatre règles d'or pour une TPE qui se lance dans le e-commerce », in *lentreprise.lexpress.fr*, 5 janvier 2017. https://lentreprise.lexpress.fr/marketing-vente/ebusiness/quatre-regles-d-or-pour-une-tpe-qui-se-lance-dans-le-e-commerce_1862086.html

FILMS ET DOCUMENTAIRES

- « Marketing Mobile : promouvoir son appli et engager ses utilisateurs », in *youtube.com*, présentation de Jérôme Stioui sur la chaîne YouTube BlendWebMix, 12 mars 2014.

https://www.youtube.com/watch?v=u861KU-h43bk&feature=youtu.be

- « La stratégie m-commerce de Carrefour Banque », in *youtube.com*, entretien avec Hervé Brucker, directeur e-commerce et marketing digital de Carrefour Banque sur la chaîne YouTube de Majda Chaplain, 15 mai 2014. https://www.youtube.com/watch?v=psR4vYfCKJw&feature=youtu.be

- « Publicité, achat in-app, m-commerce : comment développer du business avec son application mobile en 2016 », in *youtube.com*, table ronde animée par Jérôme Bouteiller, directeur des rédactions à NetMediaEurope sur la chaîne du Marketing Mobile, 6 novembre 2015. https://www.youtube.com/watch?v=F25UTg9lqT4&feature=youtu.be

Éditeur responsable : Lemaitre Publishing
Avenue de la Couronne 159 | BE-1050 Bruxelles
info@lemaitre-editions.com

ISBN ebook : 978-2-8062-6526-5
ISBN papier : 978-2-8062-6527-2
Dépôt légal : D/2018/12603/100
Photo de couverture : © NicoElNino – Fotolia.com

Conception numérique : Primento,
le partenaire numérique des éditeurs.